RECUEIL

DES DISCOURS

PRONONCÉS SUR LA TOMBE DE

M. HAVIN

PARIS

IMPRESSIONS TYPOGRAPHIQUES BORNET-LEJEUNE

10, RUE JACQUES-DE-BROSSE

Derrière l'Hôtel de Ville. — Entre les deux Casernes

RECUEIL

DES DISCOURS

PRONONCÉS SUR LA TOMBE DE

M. HAVIN

PAR LES HOMMES ILLUSTRES

REPRÉSENTANT LE BARREAU, LA PRESSE ET LE CORPS LÉGISLATIF

PRÉCÉDÉ D'UN

RÉSUMÉ BIOGRAPHIQUE AVEC LE PORTRAIT DE M. HAVIN

ET SA LETTRE ADRESSÉE A M. LOUIS JOURDAN

Au sujet de la délivrance de la Pologne

PAR

AUZIAS

PARIS

CHEZ L'AUTEUR : PASSAGE RIMBAU, 7, ROUTE D'ORLÉANS

QUATORZIÈME ARRONDISSEMENT (MONTROUGE)

1869

———

Dans la personne de M. Havin, directeur politique du *Siècle*, s'est éteinte une des plus puissantes et des plus remarquables individualités de notre époque. Il laisse un vide immense qui ne sera pas rempli de sitôt dans les rangs de l'opposition ; car, placé à la tête d'un de ses organes les plus importants, il sut, en pilote expérimenté, tenir le gouvernail dans les circonstances les plus difficiles, et on ne peut lui contester l'honneur de l'avoir sauvé mainte fois des vengeances réactionnaires. Il possédait au plus haut degré l'art si grand et si difficile de discipliner, d'organiser les opinions libérales, de modérer la fougue, l'impatience des uns, de stimuler les autres et de les rallier sous un drapeau commun : les principes de 1789.

Sous ce rapport, il était plutôt homme gouvernemental qu'homme d'opposition. Jusqu'à un certain point, on peut le considérer comme le chef du grand parti démocratique. Il était à lui ce que son ami M. Odilon Barrot était à l'opinion monarchique libérale. Il y avait en lui l'étoffe d'un homme d'État.

Le trait saillant du caractère de M. Havin est la fermeté, l'invariabilité de ses convictions. Homme tout d'une pièce, à l'instar de son père, le Conventionnel, il resta fidèle jusqu'au bout à ses principes démocratiques, qui donneront à sa vie une glorieuse unité. La mort foudroyante de ce vaillant athlète de la presse, rapidement connue à Paris, y a fait une douloureuse sensation dans le monde politique et littéraire.

Elle a été un deuil public pour le département de la Manche et surtout pour le canton de Torigny dont il était le bienfaiteur. Ses obsèques ont eu lieu à Torigny le 16 novembre, avec une pompe imposante. Plus de dix mille personnes accourues de tous les points de la Manche, des maires, des conseillers municipaux, le tribunal de commerce tout entier étaient venus pour rendre un dernier hommage à l'homme qui a traité les plus hautes questions de la politique générale, et qui cependant n'a négligé ni les intérêts du département ni ceux de la commune. Homme aimé de tous, recherchant toutes les causes de souffrance sociale et les moyens d'y remédier !

Dimanche 15 Novembre.

Divers convois ont emmené à Torigny-sur-Vire MM. Émile de Girardin, rédacteur en chef de la *Liberté*, Baudrillart, rédacteur en chef du *Constitutionnel*, et Guéroult, rédacteur en chef de l'*Opinion nationale*, tous trois délégués de la presse parisienne; MM. Terré, Carnot, Girard, Leblond, Jourde, Durier, Cuzon, membres du conseil de surveillance du *Siècle*, et ceux des rédacteurs du *Siècle* non retenus à Paris par les nécessités du journal. MM. Léon Plée, Anatole de la Forge, Ténot, Emile de la Bédollière, Edmond Texier, Henri Martin, Vilbort, Frédéric Thomas, Flammarion, de Biéville, Chadeuil, Paul Léhodey, Fizel, Lepaulmier, etc., ont voulu revoir une dernière fois leur vieil ami défunt M. Havin. Tous ont été frappés du calme empreint sur le visage de notre cher et regretté directeur politique, étendu sur son lit de mort depuis jeudi soir : on dirait qu'il sommeille encore. Mme Havin est toujours malade; mais sa fille n'a pas quitté la chambre de son père. Ici comme à Paris les sympathies sont unanimes, tous les partis pleurent l'homme de bien.

A dix heures et demie, le cercueil porté à bras, suivant l'usage local, quittait la maison mortuaire et se frayait un passage au milieu des flots d'une population compacte. La musique, les orphéons de Saint-Lô et de Torigny faisaient entendre des marches funèbres.

Les cordons du cercueil étaient tenus par M. le Préfet de la Manche, M. Duhamel, président du tribunal civil de Saint-Lô, M. de Mezanges, président du tribunal civil de Mortain, et M. Jouault, conseiller municipal de Torigny.

MM. Douesnel, député du Calvados, le marquis de Piennes, député de la Manche, et M. Delambre, secrétaire général de la préfecture de la Manche, étaient présents dans le cortége, ainsi que M. Sébline, secrétaire de M. Havin.

Venaient ensuite le conseil municipal de Saint-Lô et le conseil municipal de Torigny, conduits par leurs maires, le tribunal de commerce de Saint-Lô en robe, les délégués de la Compagnie des avoués près le tribunal civil de Saint-Lô et les délégués des Sociétés de secours mutuels de Saint-Lô et de Torigny.

L'espace nous manque pour reproduire les noms de quantité de personnes qu'il nous a été possible de reconnaître dans cette énorme affluence. Après les cérémonies ecclésiastiques, le cortége s'est dirigé dans le même ordre vers le cimetière, et nous ne pouvons mieux faire maintenant que de laisser la place aux talents de premier ordre qui ont su trouver de si émouvantes paroles pour prononcer leur dernier adieu.

Nous signalerons entre tous, le remarquable et si éloquent discours de notre président M. Duhamel.

En tête, après les membres de la famille, étaient les trois délégués de la presse parisienne, MM. Emile de Girardin, Henry Baudrillart et Adolphe Guéroult, puis venaient les membres du conseil de surveillance et les rédacteurs du *Siècle*, mais leurs rangs se confondaient avec ceux des amis sympathiques qui se pressaient comme pour être les premiers à manifester leurs regrets. C'était un concert d'éloges sur sa loyauté politique, l'activité de son intelligence, sa bienfaisance et sa bonté.

Sur le bord de la tombe ouverte où reposaient déjà la fille aînée et le fils unique de M. Havin, des oraisons funèbres ont été prononcées, elles répondaient si bien au sentiment général que, sans le recueillement qu'exigeait le lieu, on eût entendu des acclamations qui ont été à peine étouffées. Deux de ses anciens amis, M. Duhamel, président du tribunal civil de Saint-Lô, et de Mezange. président du tribunal civil de

Mortain, ont pris la parole pour louer ses vertus privées. M. Terré, président du conseil de surveillance du *Siècle*, et d'une voix émue, raconta comment s'étaient établis entre M. Havin et lui les liens d'une longue et inaltérable amitié. M. Emile Durier, au nom du conseil de surveillance, a tracé à grands traits l'honorable vie du défunt.

OBSÈQUES DE M. HAVIN
A Torigny-sur-Vire.

M. Duhamel, président du tribunal civil de Saint-Lô, a prononcé le discours suivant :

La ville de Saint-Lô ne veut, ne peut rester muette devant cette tombe, et c'est à moi qu'est échu l'insigne honneur d'adresser en son nom un suprême adieu à celui qui, dans les diverses assemblées des mandataires de la nation qui se sont succédé depuis 1830, a été son représentant bien-aimé.

Certes, Saint-Lô ne fait ainsi qu'acquitter par mon organe une dette de cœur, et il lui sera bien difficile d'égaler sa gratitude à l'étendue des sympathies dont l'entourait celui que nous pleurons.

Sans doute, Havin identifiait tout son être avec le pays entier dont il était l'élu, mais Saint-Lô, dont les suffrages lui ont été si fidèles, dont une si grande foule d'habitants m'écoute en ce moment, s'enorgueillissait, et s'enorgueillira toujours d'avoir été pour lui un objet de prédilection. Dès que sa chère cité réclamait son appui, il se levait, alerte, infatigable pour la servir. Il n'attendait pas qu'elle l'avertît, souvent il l'avertissait. Que de fois, sentinelle avancée de ses intérêts, il lui a jeté le cri d'alarme.

D'autres voix que la mienne vont probablement considérer Havin comme homme politique; quant à moi, je prends la tâche plus douce de le considérer comme homme privé, et de vous entr'ouvrir un instant les trésors de sa belle âme.

Havin était par excellence et au plus haut degré une nature aimante. Possesseur d'une fortune considérable, il n'en consacrait qu'une portion restreinte à la satisfaction de ses goûts, simples, sévères, et il versait le reste dans le sein de l'indigence. Jamais la plainte du pauvre ne l'a trouvé sourd.

Sa passion dominante, la passion de toute sa vie, fut d'obliger ses semblables, de leur rendre service.

Je suis sûr que, comme cet empereur de Rome que l'histoire a nommé les délices du genre humain, il regardait comme une journée perdue celle où il n'avait pu placer un bienfait.

Quelle grande, quelle irréparable perte font ses amis! Il semblait parfois les aimer plus que lui-même, en préférant leurs intérêts aux siens. Il employait sans cesse les ressources de son esprit, si fin, si délié, à découvrir ce qui devait leur être agréable.

La bienveillance débordait tellement chez lui qu'elle se répandait fréquemment sur ceux qui ne lui avaient montré que des sentiments d'indifférence, d'hostilité même, qui professaient des opinions diamétralement opposées aux siennes. C'est que, toujours soldat du même drapeau, toujours fidèle à la cause politique qui avait sa foi, il ne transigeait sans doute jamais avec les principes contraires, mais était toujours disposé à tendre la main à ceux qui les soutenaient loyalement, désireux qu'il était d'éteindre les ressentiments, et sachant d'ailleurs que la conscience et la probité ne sont l'apanage exclusif d'aucun parti.

Oui, si tous ceux qu'il a obligés, qu'il a cherché à obliger, avaient pu se donner rendez-vous dans ce champ du repos, il ne serait point assez vaste pour contenir leur multitude.

Havin, plein de force, poursuivait et semblait vouloir poursuivre longtemps encore ainsi sa carrière de dévouement, quand, il y a peu d'années, l'impitoyable mort lui porta un premier coup, en ne lui assignant plus pour exister qu'un nombre de jours, hélas! trop limité. A l'expiration du fatal délai, elle a frappé un coup plus terrible encore, et sa noble victime s'est aussitôt affaissée pour ne plus se relever.

Les derniers jours d'Havin ont été exempts du moins de grandes souffrances. Son âme, à laquelle les organes d'un corps expirant n'obéissaient plus, s'était repliée sur elle-même et avait perdu le sentiment des choses d'ici-bas. Il n'a donc pu serrer dans ses bras la femme incomparable, la femme au cœur d'or qui avait associé sa vie à la sienne, et qui s'arrachait de son lit de douleur, à elle aussi, pour venir rassasier ses yeux de la vue des traits de l'époux qu'elle adorait; il n'a pu couvrir de ses bénédictions la fille chérie dont il était l'idole, et dont les pieux et tendres soins étaient parvenus à tarir les pleurs que lui arrachait la perte de deux enfants, d'un héritier de son nom et d'une jeune fille pleine de grâce. Mais si ces funèbres adieux, si ces étreintes ont leurs consolations, ils ont aussi de bien poignantes émotions!

Ah! pourquoi Dieu n'accorde-t-il pas la plus longue vieillesse à ceux qui, comme Havin, sont sur cette terre les touchantes images de sa bonté?

Je m'arrête, messieurs. A quoi bon ces plaintes? elles sont stériles. N'ayons en ce moment devant les restes mortels d'un pareil homme que de fortes idées. Que la vie d'Havin soit le grand enseignement de la nôtre! Gardons religieusement le culte de sa mémoire. Efforçons-nous, à son exemple, d'aimer nos semblables d'un amour vrai, profond, et que chacun de nous tâche qu'on puisse dire sur sa tombe ce que je dis sur la sienne : Il a passé en faisant le bien!

Voici le discours de M. de Mezange :

Messieurs,

Avant de nous séparer, permettez-moi de déposer un dernier adieu sur cette tombe qui va se refermer sur un de mes plus anciens et de mes plus fidèles amis. Des voix plus compétentes vous retraceront l'homme politique, vous diront la fermeté de ses convictions, l'infatigable dévouement qu'il apporta constamment dans l'accomplissement de la difficile mission qui lui avait été confiée, cette extrême finesse de tact, cette connaissance profonde des hommes et des choses de son temps, enfin cette habileté si connue, qui faisaient de lui un tacticien parlementaire consommé et un directeur de journal si précieux. Je n'ai donc pas à m'étendre davantage sur ce sujet. D'ailleurs, la vie publique d'Havin s'est écoulée au grand jour, sous les regards de tous, et elle aura sa place dans l'histoire de nos temps agités.

Je veux simplement vous dire quelques mots de l'homme privé.

Mais où trouver des paroles qui puissent faire revivre devant vous ce charme ineffable qui s'exhalait en quelque sorte de toute sa personne et qui exerçait une irrésistible séduction, cette expansive et spirituelle gaieté, cette exquise bienveillance dont on se sentait comme enveloppé en l'approchant ; en un mot, cette aménité pleine de grâce et ce charmant esprit, type accompli de notre ancien caractère national ? Son âme droite et loyale était inaccessible à tout sentiment bas, à la haine, à l'envie, à toute pensée de représailles ou de ressentiment contre ses ennemis, et il avait une égalité d'humeur inaltérable, à tel point que personne au monde ne pourrait dire l'avoir vu une seule fois s'abandonner aux transports de la colère. Il aimait et il savait manier l'arme de la raillerie ; mais, s'il en aiguisait finement les traits, il ne les lançait que d'une main légère, de manière à effleurer, non à blesser. Une obligeance que rien ne lassait, et cette bienfaisance ingénieuse et féconde, dont peuvent rendre témoignage les institutions charitables, si heureusement fondées ou développées par ses soins, concouraient à son immense et légitime popularité dans ce pays.

Je pourrais citer mille exemples des succès qu'il devait à tant d'aimables qualités et à l'ascendant d'un noble caractère. Je n'en veux rappeler que trois.

De 1840 à 1848, je siégeais à côté de lui au conseil général de la Manche. L'opposition y était en minorité, et cependant, presque tous les ans, Havin était élu président de.cette assemblée, de même qu'à la Chambre des députés il avait été élevé au poste de secrétaire par ses adversaires eux-mêmes.

Autre exemple :

Durant les premières années de la monarchie de juillet, Havin avait pris une part assez active aux débats parlementaires. C'était souvent lui qui ouvrait les discussions, ce qui fit dire qu'à la tribune il était le précurseur de l'illustre chef de la gauche, M. Odilon Barrot. A la Constituante, au contraire, il ne se hâta pas d'aborder la tribune, se réservant pour les discussions de son comité, dont il fut quelquefois le rapporteur, et pour celles qui avaient lieu dans les réunions où certains groupes de représentants concertaient la conduite à tenir dans la Chambre, et où on le consultait toujours avec déférence, souvent avec fruit.

Les hommes nouveaux qui abondaient à la Constituante ne pouvaient donc guère, dès les premiers mois de leur arrivée, le connaître autrement que par son passé et par les relations qui s'établissent entre collègues, et cependant ils ne tardèrent pas à lui conférer la vice-présidence de cette grande Assemblée, périlleux honneur qui ne le trouva point au-dessous de la tâche que cette dignité lui imposa plus d'une fois.

Enfin, malgré la franchise et la netteté de son opposition, Havin jouissait, dans les hautes régions du pouvoir, d'un crédit dont il usait largement au profit de notre département. On sait avec quelle familiarité aisée et de bon goût il avait l'art de parler aux personnages les plus élevés, sans jamais les froisser, mais sans abdiquer jamais son rôle politique, et sans que le succès de ses démarches coûtât rien à ses principes.

Tel était l'empire exercé partout, en toutes circonstances, par ce rare assemblage des dons les plus précieux de l'intelligence et du cœur.

Mais on ne le connaîtrait qu'imparfaitement si on ne l'avait pas vu dans son intérieur. Heureux ceux à qui il fut donné de pénétrer dans cette atmosphère sereine où il répandait à profusion les inépuisables trésors de tendresse, de bonté, de douceurs infinies qui remplissaient son cœur ! Mais aussi quelle source de poignants regrets pour eux lorsqu'ils ne le retrouveront plus à ce foyer domestique où tout leur parlera de lui ! Quelle source de désespoir pour sa noble compagne dont il était l'orgueil et la joie, pour sa gracieuse fille deux fois en peu de temps bien cruellement éprouvée, toutes les deux si dignes, par leur tendre dévouement et par le charme de leur esprit, d'associer leur existence à cette existence, hélas! trop soudainement brisée! Ah!

puissent les sympathies dont elles seront entourées apporter quelque adoucissement à l'amertume de leurs regrets !

Homme si bon, si juste, si sincère, reçois les adieux d'un ami désolé qui ne peut se résigner à la pensée d'une séparation éternelle et qui se plaît à reporter ses espérances vers des régions plus heureuses ; reçois ceux du département tout entier, de ce département que tu aimais tant, et dont la reconnaissance et l'affection t'élèveront, dans le cœur de ses habitants, le plus durable des monuments !

M. Emile Lenoël, membre du conseil d'arrondissement de Saint-Lô, engagé à l'improviste par ses amis à prononcer quelques paroles d'adieu sur la tombe, s'est exprimé en ces termes :

Comme membre du conseil de l'arrondissement de Saint-Lô, je revendique au nom de notre pays l'honneur d'avoir envoyé à la Chambre pendant vingt-cinq ans le député éminent, l'homme de bien que nous conduisons à sa dernière demeure.

Depuis son entrée dans la vie politique, M. Havin a été parmi nous le représentant des idées libérales, et l'honorabilité de son caractère comme la pureté de sa vie ont été leur plus ferme soutien.

Aussi, lorsqu'il fut écarté de la participation directe aux affaires, son influence ne cessa pas de s'exercer sur les esprits, et dès que vos justes suffrages lui eurent rendu la position qui lui appartenait, un souffle libéral quelque temps endormi se réveilla de nouveau dans tout le département. A sa suite entrèrent au conseil général des hommes de progrès et d'idées nouvelles, et il put voir un grand nombre de communes établir l'instruction gratuite et réaliser ainsi une de ses plus chères aspirations.

Chez de tels hommes tout s'enchaîne, tout se lie étroitement, et la bienveillance de son accueil si sympathique et si bon avait sa source dans ce sentiment de justice qui lui faisait désirer pour tous les bienfaits de l'instruction.

Vous savez, vous tous ses compatriotes, comment il écoutait toutes les demandes, comment il aidait tous ceux qui avaient recours à lui : soins, peines, démarches, rien ne lui coûtait dès qu'il s'agissait de rendre service.

Au milieu de ses travaux, comme directeur du *Siècle* et comme député, il savait suffire à tout ; mais il usait sa robuste constitution, et c'est en dictant une lettre qui devait assurer le bonheur d'un de ses concitoyens qu'il a été frappé du coup qui devait l'emporter.

Oui, à tous ceux que vous avez aidés, secourus, protégés, vous avez donné une part de votre vie.

Que l'expression de leur reconnaissance soit la dernière couronne jetée dans votre tombe, et puissent la profondeur et la sincérité de nos regrets être un adoucissement à la douleur des deux nobles femmes si dignes de vous qui composent toute votre famille.

Torigny, le **13** novembre **1868**.

Le conseil municipal de la ville de Torigny-sur-Vire, réuni au lieu ordinaire de ses séances, sous la présidence de M. Lemelletier, maire;

Où étaient présents MM. Jouault, Lemazurier, Denis, Philippe, Jean Delamare, Roquancourt et Tirard, secrétaire.

Le conseil s'occupe de plusieurs questions d'intérêt local, puis M. le maire fait la proposition suivante :

Messieurs,

J'ai l'honneur de vous proposer de payer à la mémoire de M. Havin, notre excellent et regretté collègue, le tribut de reconnaissance qu'il a si bien mérité pour les nombreux services rendus par lui à la ville de Torigny.

Le conseil, à l'unanimité, accueille avec le plus vif empressement la proposition de M. le maire; il exprime toute sa reconnaissance envers M. Havin, qui a tant fait pour Torigny et pour ses habitants pendant près de quarante années, comme maire, comme conseiller général et comme homme privé.

N'est-ce pas lui, en effet, qui a fondé ou qui a puissamment contribué à fonder et à organiser la plupart des institutions et des établissements très-utiles dont notre petite ville a été dotée, établissements qui pourraient être enviés par des localités plus importantes?

Que de services publics n'a-t-il pas rendus, que de secours de toutes sortes obtenus par lui, que de places données à des familles qui manquaient de moyens d'existence! que d'aumônes continuelles faites généreusement de sa bourse, aux malheureux de Torigny et d'ailleurs!

Il aimait notre ville, et son bonheur était de rendre service et d'obliger tout le monde.

Torigny lui doit bien son souvenir de reconnaissance. Ses amis du conseil le gravent en ce moment sur le registre des délibérations ; ce souvenir restera parmi ses habitants qui profitent de ses bienfaits.

Un extrait de la présente délibération sera adressé à Mme Havin.

Heureux si ce juste hommage rendu aux grandes qualités de celui qui n'est plus, peut contribuer à adoucir la grande douleur de sa famille !

Le maire : LEMELLETIER.

M. Terré, président du conseil de surveillance du *Siècle*, s'est exprimé ainsi :

Des voix plus autorisées que la mienne diront la vie politique et les qualités de l'homme éminent si prématurément enlevé à ses concitoyens, à ses amis.

Aussi honorable que désintéressé, Havin a consacré sa vie entière à son pays, à la liberté, à la démocratie; il a rendu d'importants services ; ce département, pour lequel son dévouement ne connaissait pas de bornes, ne l'oubliera jamais.

Il sera universellement regretté.

Après la mort de Perrée, de regrettable mémoire, appelé en 1851 à la direction politique du *Siècle*, il sut, par la droiture de ses intentions et l'affabilité de ses manières, se faire un puissant faisceau de ceux qui l'entouraient.

D'un caractère sympathique et bienveillant, il s'était concilié l'amitié du plus grand nombre et l'estime de tous.

Ses adversaires politiques eux-mêmes ont toujours rendu hommage à sa loyauté.

Sa perte est irréparable pour le journal qu'il dirigeait avec autant de fermeté que de modération.

Sagement libéral, dans aucune circonstance et à aucune époque Havin n'a séparé l'ordre de la liberté; pour lui, comme pour tous ceux qui aiment leur pays, c'était et ce sera toujours la condition du progrès.

Ici je m'arrête; c'est à l'amitié que je viens en ce jour de deuil payer un dernier tribut.

Pendant plus de vingt-cinq ans, la plus étroite intimité nous a unis l'un à l'autre, et jamais aucun nuage ne s'est élevé entre nous; jusqu'au dernier moment cette douce harmonie de sentiments a été complète. Les mêmes goûts, les mêmes pensées nous rapprochaient; Havin avait comme moi le culte de la famille, on se sentait meilleur en quittant son foyer domestique.

C'était avec bonheur que Havin, après les agitations de la vie publique, venait se retremper auprès d'une épouse adorée et d'une fille chérie, modèles l'une et l'autre de toutes les vertus.

Mon Dieu! que je plains la mère et la fille! Quel coup affreux vient de les frapper!

En présence de ce grand deuil, je ne puis que me taire. La parole est impuissante à calmer une si grande douleur.

Adieu, Havin, ou plutôt au revoir, mon ami! car je suis de ceux qui croient à l'existence de Dieu et à l'immortalité de l'âme; et cette idée est pour moi des plus consolantes, puisqu'elle me donne l'espérance de revoir mon ami dans un monde meilleur.

Au revoir encore une fois, mon cher Havin! nous pleurerons longtemps l'homme de bien; nous ne remplacerons jamais l'ami.

M. Emile Durier a prononcé ensuite le discours suivant :

C'est au nom et comme secrétaire du conseil de surveillance du *Siècle* que je viens à mon tour rendre un dernier hommage à notre directeur politique.

Nous ne pouvons, nous ne devons pas oublier que l'homme excellent dont nous entourons la tombe fut un citoyen et un homme politique. A ce titre aussi sa vie nous était précieuse et sa mémoire nous est chère. C'est l'honorer que de rappeler ici la noblesse et la persistance de ses convictions. Oui, les opinions d'Havin ont eu ce caractère des opinions sérieuses et honnêtes : elles ont été invariables. Elles ont donné à sa vie une noble unité.

Son père, député à la Convention nationale, avait pris une part active à cette grande révolution française qui proclama la souveraineté de la nation, formula les droits de l'homme et posa les bases des démocraties modernes. Havin est toujours resté fidèle à ces grandes traditions.

C'est en 1830 qu'il entra dans la vie politique, au lendemain d'une révolution faite au nom du droit du peuple opposé au droit divin.

Envoyé par ce département à la Chambre des députés, il siégea sur les bancs de l'opposition, réclamant avec une infatigable obstination l'accomplissement de promesses toujours éludées et l'extension des libertés publiques.

La révolution de 1848 reçut son adhésion sincère. Il ne se contenta pas d'acclamer la république, il la servit loyalement, en républicain. Cet esprit modéré n'était pas timide. Il n'eut jamais peur de la liberté.

Il fut l'un des commissaires envoyés par le gouvernement provisoire dans le département de la Manche. Nul n'était plus capable de faire comprendre et aimer les institutions nouvelles. Élu député à l'Assemblée constituante à une immense majorité, il eut l'honneur d'être nommé vice-président de ces premiers élus du suffrage universel libre, imposante réunion de grands talents et de nobles caractères.

La république était encore debout quand il fut appelé à la direction politique du *Siècle*. Il avait servi la liberté triomphante; il ne la trahit pas quand elle fut vaincue.

Il avait ce privilége des convictions fortes : il ne se décourageait pas dans la défaite; il se sentait le lendemain ce qu'il était la veille.

L'édifice des libertés publiques était renversé; il se dévoua à l'œuvre de sa réédification. Il ne se résigna pas, il ne s'enveloppa pas dans un dédain stoïque; il fut insensible aux séductions de ses adversaires comme aux impatiences de ses amis. Il fit loyalement et habilement tout ce qu'il put. Il adoucit bien des souffrances, il ranima bien des courages; il eut enfin l'honneur de ne pas laisser outrager son drapeau.

Bien d'autres sans doute ont avec lui servi la liberté; les vieux lutteurs sont rentrés dans l'arène, les générations nouvelles ont donné à la cause de la liberté de généreuses recrues. La justice n'en exige pas moins qu'un solennel hommage soit rendu à l'homme habile et courageux qui sut traverser heureusement la crise la plus redoutable et donna lo signal de la revendication de la liberté.

Il est mort avant d'avoir vu l'accomplissement de nos espérances; mais il est mort avec la conscience d'avoir **beaucoup** fait pour le préparer.

La démocratie française conservera et honorera sa mémoire; elle restera chère à ses collaborateurs et féconde pour eux en enseignements.

Voici le discours prononcé par **M. Léon Plée**, au nom de la rédaction du *Siècle :*

MESSIEURS,

C'est à moi qu'est échue la tâche douloureuse de rendre, au nom de la rédaction du *Siècle*, le dernier hommage à celui qui pendant dix-huit ans présida si heureusement à ses travaux.

Que vous dirai-je qui ne soit connu de tous, dans cette libérale petite ville de Torigny qu'il a faite célèbre en la mettant au premier rang de ses affections, et dans ce magnifique département de la Manche qui l'envoya, si jeune, siéger au sein de nos assemblées publiques, et auquel en retour il a, lors des élections dernières, donné la préférence sur notre glorieux Paris.

Tel, messieurs, vous l'avez connu dans ses commencements, tel vous le retrouverez dans toute sa carrière. Deux passions dominent sa vie et la rendent homogène. L'une est l'amour de tout ce qui peut faire la patrie grande, l'autre est la haine de tout ce qui peut moralement ou matériellement la rapetisser. On appelait autrefois un tel homme un patriote. On n'a pas inventé depuis un nom plus heureux.

Né pour les luttes politiques, sa plus solide qualité fut celle de ne se décourager jamais. Il eut toujours en horreur le *statu quo* et l'abstention. L'empêcher d'agir, d'aller en avant, c'eût été l'empêcher de vivre!

De tels tempéraments ne sont pas faits pour s'immobiliser dans les sphères de la satisfaction. Il leur faut l'indépendance et la lutte.

M. Havin fut toujours assez heureux pour que rien ne vînt se mettre à la traverse de ses goûts. Le secret de ses succès, c'est qu'il n'eut jamais à forcer ni sa nature ni son caractère. Il était né pour le rôle militant qu'il a rempli, et on ne pourrait concevoir qu'il en eût accepté d'autre.

Envoyé très-jeune à la Chambre des députés, vous ne le verrez chercher à briller ni parmi les chefs de parti ni parmi les orateurs. Mais, fils de conventionnel, il se présente avec les convictions que son père et lui ont rapportées de l'exil. Habile tacticien, modéré dans ses ambitions, juste dans ses jugements, fidèle dans ses amitiés, il acquiert bientôt une grande notoriété et une véritable autorité. On le consulte, on le recherche, on tente inutilement de le séduire, et, lorsqu'arrive la glorieuse république de 1848, l'Assemblée nationale le proclame un de ses vice-présidents, fonction dans laquelle il fallait un courage à toute épreuve. J'en appelle à l'un de ses collègues, au vénéré Corbon, resté son inébranlable ami.

Entré au *Siècle* comme membre du conseil de surveillance presque dès la fondation de ce journal, il s'y fait aussi une position à part. On écoute ses appréciations, on s'habitue à le voir penser juste, et lorsque la mort de Louis Perrée rend vacante, au commencement de 1851, la direction de notre journal, on la lui confère d'abord à titre provisoire; puis, le voyant à l'œuvre, sans aucune de ces prétentions qui enlèvent à l'esprit la juste appréciation des hommes et des choses, on lui confère définitivement cette direction.

C'est là que nous l'avons plus particulièrement connu et que nous nous plaisons à lui rendre hommage. Aux jours de décembre 1851, sa prudente fermeté sert de paratonnerre à l'édifice du *Siècle*, en même temps que cette qualité dont je parlais en commençant, et qui consiste à ne jamais admettre ni le découragement ni l'abstention, soutient la petite phalange alors groupée autour du drapeau. Nous n'étions que cinq ou six alors, et sous sa conduite nous pûmes tenir tête à l'orage sans rien céder.

En effet, à peine le nouveau régime vient-il de s'asseoir que déjà nous présentons au suffrage universel les noms de nos amis, de Cavaignac, de Carnot, de Goudchaux, et nous les faisons acclamer à Paris.

Dès ce moment, le *Siècle* ne s'arrête plus un seul jour. S'il ne peut pas faire une guerre trop ouverte au pouvoir, il la fait à ses alliés d'alors, les partisans de l'ancien régime. Il les attaque sans cesse, il ne leur laisse aucun repos, et le gouvernement, après leur avoir d'abord concédé l'instruction publique, la leur reprend à notre voix. Il se met du côté de l'instruction libérale contre l'instruction rétrograde.

De même pour l'extérieur, M. Havin cherche et trouve avec nous les fissures par lesquelles il faut faire passer nos idées. Nous ne pouvons déclarer bataille à l'absolutisme en France, nous la lui déclarons en Russie. La campagne de Crimée devient la campagne de la France libérale, de l'Europe libérale contre la Russie représentant l'ancienne Sainte-Alliance. Tous les peuples souffrants viennent à nous. Le *Siècle* a proclamé la religion des nationalités!

De même encore pour l'Italie; nous ne pouvons ébranler ouvertement les colonnes du temps autoritaire protégé par les avertissements et les suppressions; le *Siècle* s'attaque au despotisme des tyrannies italiennes. Ce despotisme est renversé et nous obtenons les concessions de janvier 1863, tandis que l'Italie elle-même décerne à Havin et au *Siècle* la mémorable statue qui sera l'honneur éternel de Torigny.

L'habileté de notre directeur politique à faire ainsi tourner les événements au profit de la cause du progrès et des libertés des peuples ne se démentit pas un seul instant. C'est ainsi que le *Siècle* obtint un si grand nombre de lecteurs. Nous écoutions battre le cœur de la France, nous en étions les échos, et chaque Français patriote trouvait une partie de lui-même dans la politique du *Siècle*. Il avait d'ardents contradicteurs. Mais le progrès marchait, le monde politique se transformait. Le *Siècle*, malgré toute sa vaillance, n'échoua que dans une seule cause, celle de la Pologne, et encore le dernier mot n'est-il pas dit!

Ajoutez à cette grande habileté, qui n'était au fond que du juste coup d'œil, que notre directeur politique eut toujours horreur de l'exclusivisme. Des esprits très-éminents mettent leur logique à pousser jusqu'au bout leurs raisonnements, Havin mettait, comme nous, la sienne à attirer aux idées de progrès, de liberté, d'amour de la patrie, le plus de monde qu'il pouvait. Sa longue expérience politique l'avait rendu très-tolérant. A la façon anglaise, il croyait qu'on peut ne pas être du même parti et s'estimer, s'aimer même. Il n'en voulut jamais à personne de ne pas voir comme lui. Parmi ses meilleurs amis furent des hommes qui appartenaient à un camp tout différent. Il était tellement sûr de ses convictions qu'il ne pensait pas que des convictions opposées le pussent atteindre.

Cette grande et sage tolérance agrandit beaucoup le cercle de l'action du *Siècle*. Ajoutez que M. Havin, par cela même qu'il se connaissait lui-même, ne craignit en aucune occasion de voir près de lui les hommes les plus éminents. Les Lamartine, les Henri Martin, les Jules Simon, les B. Hauréau, les Pelletan, les de Lasteyrie, les Peyrat, etc., furent nos collaborateurs, et, tant que l'illustre Manin vécut, il fut notre conseil politique. C'est lui qui nous proposa la souscription pour les canons d'Alexandrie. Havin la comprit, et dix ans plus tard les représentants du *Siècle* étaient accueillis sur l'Adriatique par les acclamations de Venise délivrée.

Ce ne sont pas là de petites campagnes!

Avec une telle largeur pratique dans les idées, il n'est pas étonnant que l'on réussisse. Havin a eu le bonheur de voir le succès couronner son œuvre et lui rester fidèle.

Je ne vous parlerai pas d'autres qualités d'un ordre moins supérieur, mais cependant très-utiles dans la direction d'une grande feuille politique. Il admettait la contradiction, et celui qui vous parle en est un exemple. Car, quoique nous ayons été loin, d'autres et moi, d'être toujours d'accord avec lui dans les détails, il ne songea jamais à imiter ces généraux qui ne veulent pour lieutenants que d'intelligents flatteurs.

Havin se rendait d'ailleurs facilement aux observations justes de ses subordonnés. Il était dévoué à ceux qui faisaient le bien. Plusieurs l'aimèrent jusqu'au fanatisme, et il le leur rendit.

Aussi est-il universellement regretté, non-seulement de la rédaction du *Siècle*, mais de tous les employés et de ceux qu'il appelait nos collaborateurs de l'atelier. Il ne voyait pas, il est vrai, les choses par le petit côté des économies. Il demandait au directeur-gérant, son ami intime, l'excellent M. Lehodey, au conseil de surveillance qui le soutenait libéralement dans cette voie, des améliorations incessantes pour les positions. Il savait qu'on gagne plus en semant libéralement de bon grain qu'en le retenant avarement dans les mains du laboureur.

J'aurais, messieurs, bien d'autres choses à vous dire de celui que la tombe va bientôt cacher à nos yeux, mais qu'elle n'enlèvera pas à nos souvenirs. Je me suis circonscrit dans ce qui appartient au *Siècle* et à sa rédaction. D'autres vous ont parlé de l'excellent père de famille, d'autres vous parleront du député, du conseiller général, du membre actif des sociétés de bienfaisance, du promoteur de toutes les souscriptions en faveur de la misère que le *Siècle* a ouvertes.

Je m'arrête au seuil de ces appréciations d'un autre ordre, et, me renfermant dans la mission qui m'a été confiée, je dis à notre cher directeur politique :

Adieu, vous qui fûtes à tous notre ami en même temps que notre chef ! Adieu, aimable et gracieux pilote qui avez su faire traverser au navire que vous dirigiez les passages les plus périlleux, et le faire aborder, sinon en plein rivage de la liberté, du moins dans son voisinage prochain !

Aujourd'hui le vent gonfle nos voiles. Nous n'aurons plus à naviguer à travers les écueils. Le *Siècle* peut suivre une marche plus directe. La mort vous a surpris au moment où vous l'indiquiez vous-même. Vos successeurs, aidés par vos anciens compagnons, ne failliront pas à la tâche. Que n'eussiez-vous pas fait si la route eût été libre ? Elle l'est plus qu'elle ne l'était. Le *Siècle* marchera donc avec confiance et décision, en se rappelant les grands résultats que, malgré des obstacles si puissants et si compliqués, il a pu obtenir sous votre habile, honnête et toujours patriotique direction !

Voici le discours prononcé par M. Guéroult, au nom de la presse parisienne :

Messieurs,

Les journaux de Paris de toutes les opinions nous ont donné mission, à M. de Girardin, à M. Baudrillart et à moi, de venir apporter sur la tombe de M. Havin et de transmettre à sa famille l'expression de leurs regrets. Ce concours de toutes les opinions proclame assez haut le caractère tout particulier de l'hommage que nous voulons lui rendre. Si les hommes de son parti ont le droit de louer en lui le dévouement, la vigilance, le sens droit et la rare sagacité qu'il savait mettre au service de ses convictions, ses adversaires eux-mêmes, ceux qui, enrôlés au service d'idées différentes, étaient forcés de le combattre sur le terrain brûlant de la politique, n'ont cessé d'honorer en lui le galant homme, le publiciste convaincu qui, par la dignité de sa vie, par la courtoisie de ses manières, était l'honneur de leur difficile profession.

Directeur d'un organe puissant dont la prospérité était en partie son ouvrage, M. Havin, dans les entraînements des luttes politiques, sut toujours respecter ses adversaires, et ne laissa jamais descendre aux personnalités des discussions que le souci de la vérité, que la préoccupation des intérêts du pays doivent toujours maintenir dans les hautes régions de la pensée. Il avait conquis de la sorte l'estime et l'amitié de tous ses confrères; sa maison était un terrain neutre et hospitalier où les représentants de toutes les opinions se rencontraient volontiers, sous sa bienveillante médiation, lorsque des intérêts communs les obligeaient à se réunir et à se concerter.

Dans nos assemblées politiques, dont il était un des vétérans, la sûreté de son commerce, la droiture de son caractère, son sentiment juste et fin de la réalité pratique, lui avaient valu l'estime et la considération de tous ses collègues. Son avis était attendu et demandé, et bien souvent, dans les réunions particulières, nous l'avons vu, par quelques mots de bon sens et de malicieuse bonhomie, faire justice des plus éloquentes exagérations. C'était par excellence un homme de bon conseil, et dont on aimait à prendre l'avis dans les circonstances difficiles.

Quant à moi, messieurs, qu'une certaine conformité de vues et de tendances avait plus particulièrement rapproché de lui, et qui aimais à faire appel à son tact et à son expérience, en cherchant le politique j'avais rencontré l'homme, l'homme sûr, aimable et bon ; en faisant campagne avec lui, j'avais appris à le connaître; la confiance et l'amitié s'étaient établies entre nous, et aujourd'hui que nos confrères de Paris nous ont chargé de lui rendre en leur nom ce dernier hommage, ce n'est pas sans une sorte de satisfaction mêlée de tristesse que j'ai accepté et que je remplis, en leur nom comme au mien, la mission de lui dire ce fraternel adieu.

M. Carnot s'est exprimé en ces termes :

Messieurs,

Lorsqu'un homme politique disparaît de la scène, il lègue un devoir à ceux qui l'ont connu : c'est de dire très-haut ce qu'ils savent de lui, ce qu'ils pensent de lui; c'est de proposer en quelque sorte à la génération nouvelle les termes du jugement qu'elle seule doit prononcer.

Je viens déposer un témoignage de ce genre sur cette tombe entr'ouverte, un témoignage d'estime pour cet homme qui fut placé trop en évidence pour n'avoir pas eu des jaloux, c'est presque dire des ennemis.

La carrière d'Havin, comme directeur du *Siècle*, vient d'être retracée par un de ses plus anciens collaborateurs; tout le monde sait combien, dans cette position, il a contribué à réveiller et à entretenir le feu sacré de l'opinion publique.

Des amis personnels ont aussi raconté sa vie privée, et ils ne sauraient en faire trop d'éloges; les regrets qui se manifestent autour de nous en sont la preuve. Nous le constatons avec bonheur : Havin était universellement aimé, universellement respecté; ses adversaires eux-mêmes sont obligés de venir lui rendre hommage.

Pour moi, j'ai connu surtout l'homme politique. J'ai été son collègue dans toutes les assemblées où il a siégé : A la Chambre des députés, sous une monarchie parlementaire; à la Constituante, sous une république; au Corps législatif, sous un empire. Nous n'avons pas toujours été d'accord sur l'attitude qu'il convenait de prendre en face de ces gouvernements, et cette circonstance donne peut-être à mon témoignage une certaine autorité.

Eh bien! je le déclare hautement, jamais je n'ai vu Havin ni faiblir, ni chanceler dans son attachement profond aux principes de la révolution. Fils d'un conventionnel, il avait fidèlement gardé la tradition révolutionnaire. C'est sur cette voie que nous nous sommes rencontrés; il ne m'aurait pas rencontré sur une autre.

La tradition révolutionnaire, ai-je dit. Pour la plupart de ceux qui m'écoutent, ces mots n'ont pas besoin d'explication : la grande tradition révolutionnaire domine tout esprit de secte; elle n'établit pas des catégories hostiles parmi les hommes qui ont servi le progrès, chacun à son jour, chacun à son heure. Elle embrasse également et la généreuse ferveur de 89, répandant sur le monde la lumière du droit humain et l'héroïque énergie de 93, en défendant ce même droit sur le sol national contre les monarchies coalisées.

Voilà la tradition à laquelle se rattachait Havin, et voilà pourquoi on l'a vu, en toute occasion, patriote, chaud patriote, en même temps que dévoué au progrès de l'idée générale.

Il me serait impossible d'apprécier ici, il me serait difficile d'énumérer seulement les services rendus par Havin, soit dans les assemblées dont il a fait partie, soit dans le journal qu'il dirigeait avec tant d'habileté. Laissez-moi donc faire un choix, et ce sera celui qu'Havin lui-même aurait fait.

Son sentiment démocratique s'est particulièrement manifesté par des efforts constants et utiles en faveur de l'instruction primaire. N'eût-il point d'autre titre à la reconnaissance de ses concitoyens, qu'ils ne pourraient pas oublier celui-là. Et je crois être en sympathie avec le cœur de notre ami en donnant à ce souvenir la préférence sur tout autre.

Il avait raison : l'éducation populaire contient l'avenir de la France.

Adieu donc, toi qui as travaillé pour la démocratie, pour la liberté, pour la justice, contre tous les despotismes politiques et religieux! Ceux qui vont aujourd'hui, sans toi malheureusement, continuer le bon combat, te saluent par ma voix d'un dernier adieu!

LE PETIT JOURNAL

La mort de M. Havin représente, pour moi, une douleur toute particulière...

Il m'avait accueilli avec une grande bonté, lorsqu'il s'était agi de me confier le roman interrompu par la mort de l'illustre auteur du *Conseiller d'État* et des *Mémoires du Diable*.

Il ne s'étonna pas trop en me voyant entreprendre ce travail, que les Dumas, les Suë, les Féval, tous les princes du roman-feuilleton avaient déclaré impossible à continuer.

Et si, grâce à l'aide de celui qui écrivit les *Aventures de Robert Robert* et *Gabrielle*, j'ai pu terminer l'épopée interrompue, c'est en partie à la bienveillance de M. Havin que je l'ai dû.

Mais je serais mal venu de faire, de la place qui m'est concédée dans le *Petit Journal*, un endroit absolument consacré à mes sympathies et à mes regrets personnels.

Aussi n'est-ce pas au point de vue isolé de mes propres sensations que je viens déplorer ici la perte qui frappe le *Siècle*.

Je crois fermement que le public qui nous lit et nous juge n'est pas indifférent à la disparition d'un homme habitué à lui parler tous les jours.

On ne met pas la nappe intellectuelle pour cinquante mille convives chaque matin sans avoir une importance sérieuse, une saisissante individualité!...

Ce sentiment de confraternité s'étend même de journal à journal.

On se chamaille bien un peu, comme les avocats à la barre, sur des questions d'esthétique politique ou littéraire.

Mais, au fond, on respecte dans autrui cette profession des lettres qui est d'autant plus noble et plus difficile qu'elle est libre, accessible à tous, sans aristocratie et sans autre maîtrise que le talent.

Et quand il survient un sinistre chez l'un des journaux de Paris, on fait entre écrivains ce que font les monarques entre eux...

Chacun prend le deuil, sinon de l'habit, du moins de la plume, pour payer un tribut de regrets au confrère tombé sur la brèche de la discussion... c'est-à-dire au champ d'honneur.

Voilà l'homme de plume, l'écrivain, le directeur de journal dont la mort attriste tous ceux qui l'ont connu.

On peut ne pas partager les idées du philosophe.

On peut ne pas se ranger derrière le polémiste.

Mais on ne saurait refuser un souvenir, un regret sincère, une expression de profonde sympathie, à celui qui a dirigé durant tant d'années l'un des organes les plus importants de l'opinion publique.

Timothée Trimm.

M. ÉMILE DE LA BÉDOLLIÈRE

A M. Fr. Ducuing, rédacteur en chef de l'Année Illustrée.

Vous me demandez, mon cher ami, quelques détails nécrologiques sur celui auprès duquel j'ai eu l'honneur de combattre pour la même cause pendant près de vingt ans. Il m'est assez difficile de rassembler mes souvenirs au moment même où je viens, avec mes collègues et un concours considérable de citoyens en deuil, d'accompagner la dé. pouille mortelle de M. Havin, jusqu'à la sépulture de famille où il repose. Les émotions de ce jour sont d'autant plus pénibles pour moi, que j'ai été souvent témoin des bruyantes et joyeuses ovations faites à notre regrettable ami, dans cette même ville, maintenant désolée. Grand est le contraste entre les fêtes d'autrefois et le rendez-vous funèbre, auquel une foule sympathique est accourue. Une douleur profondément sentie, unanimement partagée, ôte à l'esprit sa liberté. Je tâcherai pourtant d'oublier le présent, pour évoquer le passé.

Léonor-Joseph Havin était né à Paris, le 3 avril 1799 : son père avait été représentant de la Manche à la Convention nationale, membre et secrétaire du conseil des Anciens, substitut près le tribunal de cassation, puis juge au tribunal d'appel du Calvados. M. Havin commença à Caen des études interrompues par l'accomplissement d'un triste devoir, car il suivit en exil son père, proscrit par la Restauration, pour avoir voté la mort de Louis XVI.

De retour en France, M. Havin se fit d'abord avocat, et se destinait au barreau, lorsqu'après la révolution de 1830, Dupont (de l'Eure) le mit à même d'opter entre les fonctions de substitut à Avranches, de procureur du roi à Épernay, ou de juge de paix à Saint-Lô. M. Havin accepta la position la plus modeste ; mais bientôt ses concitoyens, au milieu desquels il avait voulu rester, l'envoyèrent à la Chambre des députés. Il y fut constamment réélu jusqu'à 1848, et fut, pendant quatre sessions, au nombre des secrétaires de la Chambre. On l'entendit réclamer, avec insistance, des économies dans le budget, des réformes administratives, l'augmentation des traitements des fonctionnaires de second ordre, l'extension de l'instruction primaire et la réforme électorale.

Le 24 février 1848, M. Havin accompagne au ministère de l'intérieur, avec MM. Garnier-Pagès, Abatucci, Biesta, M. Odilon Barrot, chef d'un cabinet éphémère. Ils reviennent aux Tuileries, pour conseiller l'abdication au roi Louis-Philippe, qui s'était éloigné déjà; et M. Havin, à travers l'immense multitude réunie sur la place de la Concorde, conduit à la Chambre des députés la duchesse d'Orléans et le comte de Paris.

Nommé commissaire du gouvernement dans le département de la Manche, M. Havin est élu le premier à l'Assemblée constituante, par 119,817 suffrages sur 120,000 votants. Aux journées de juin, il s'efforce de calmer les esprits, et s'expose, comme conciliateur, avec tant d'intrépidité, qu'en recevant entre ses bras un chirurgien-major mortellement blessé aux barricades de la rue de la Barillerie, il passe lui-même pour mort, et le *Moniteur* dément le lendemain la douloureuse nouvelle.

M. Havin fut six fois vice-président de l'Assemblée constituante et douze fois président du comité d'administration; puis élu membre du Conseil d'État réorganisé, au mois d'avril 1849.

Ce fut peu de temps après que, appelé à faire partie de la rédaction du *Siècle* par M. Louis Perrée, j'entrai en relations avec l'homme dont nous pleurons aujourd'hui la perte. Je fus frappé tout d'abord de sa prodigieuse activité. Il prenait part à toutes les délibérations du Conseil d'État; il se tenait au courant de la situation politique générale, et en suivait toutes les péripéties. Comme membre du conseil de surveillance du *Siècle*, il secondait son collègue et ami M. Louis Perrée. Il rassemblait en même temps les matériaux d'un journal hebdomadaire, *la Revue de la Manche*, dont M. Perrée et lui m'avaient confié la rédaction en chef. Il était, en outre, membre du conseil général de la Manche et du conseil municipal de Torigny. Il avait à entretenir une correspondance sans fin, tant avec ses amis politiques, qu'avec ses solliciteurs ou des personnes nécessiteuses qui s'adressaient à lui, et je puis dire qu'à ma connaissance, pour peu qu'une réclamation fût fondée, jamais M. Havin n'a refusé ni une recommandation, ni un service, ni un subside pécuniaire.

Devenu rédacteur en chef du *Siècle* après la mort prématurée de M. Louis Perrée, M. Havin maintint la ligne politique de ce journal.

Élu député en 1863, dans la quatrième circonscription de Paris et dans le département de la Manche, il opta pour le pays qui avait envoyé son père à la Convention, et où aucun autre candidat de l'opposition n'avait peut-être de chance pour obtenir la majorité.

On peut considérer M. Havin comme la victime du travail qu'il s'était imposé. Depuis plus de trente ans, il était toujours sur la brèche, mêlé à tous les grands événements, en rapport avec tous les hommes politiques, préoccupé des plus minutieux détails du *Siècle*, ayant à répondre à une foule d'adversaires. Chaque matin, il dépouillait les journaux, conférait avec les rédacteurs, veillait à tout, signalait les points qu'il avait remarqués, et c'est seulement vers la fin de sa carrière qu'il a été moins assidu dans cette tâche quotidienne.

Il est mort d'une apoplexie séreuse, le 12 novembre, à huit heures du soir, après une longue agonie. Vous qui l'avez connu, mon cher Ducuing, vous qui avez apprécié ses qualités, vous comprenez l'affliction dont nous sommes saisis, et vous me pardonnerez de ne pas m'être suffisamment étendu sur l'existence si bien remplie de ce digne représentant des idées de démocratie et de progrès.

Votre dévoué,

ÉMILE DE LA BÉDOLLIÈRE.

La *Liberté* d'avant-hier soir publiait les lignes suivantes :

Depuis plusieurs années c'était dans le cabinet ou dans le salon de M. Havin, directeur du *Siècle*, qu'avaient lieu toutes les réunions des directeurs, des rédacteurs en chef et des propriétaires de journaux politiques et quotidiens, toutes les fois qu'elles étaient nécessitées par un intérêt commun. Je propose donc à ces mêmes directeurs, rédacteurs en chef et propriétaires de journaux de se réunir à l'effet de nommer une députation de trois membres qui se rendra à Torigny, et qui représentera au service mortuaire de M. Havin, le journalisme politique parisien.

ÉMILE DE GIRARDIN.

On lit ce matin dans le *Constitutionnel* :

La plus grande partie des directeurs des journaux de Paris se sont rendus à cette convocation, où ils ont désigné : M. Émile de Girardin, directeur de la *Liberté*; M. Guéroult, directeur de l'*Opinion nationale*; et M. Gibiat, directeur du *Constitutionnel*, pour aller représenter la presse parisienne aux obsèques de M. Havin.

La *France* de ce soir contient les lignes suivantes :

Les regrets unanimes inspirés à la presse parisienne par la mort de M. Havin se sont traduits par une réunion générale des directeurs de journaux politiques quotidiens.

Cette réunion a décidé à l'unanimité qu'une députation se rendrait à Torigny avec mission de représenter le journalisme parisien aux funérailles de l'ancien directeur politique du *Siècle*.

Cette démarche, qui a rencontré l'assentiment empressé de tous les membres du journalisme politique, sans distinction d'opinion, est plus qu'un acte de convenance : c'est un acte de solidarité que nous sommes heureux d'enregistrer. Il honore également les écrivains qui ont su abdiquer toute différence d'idées pour s'unir dans un sentiment de confraternité, et à la mémoire de l'homme auquel s'adresse ce dernier hommage.

ÉMILE MARTIN.

Voici en quels termes nos confrères ont bien voulu s'associer à la douleur de la famille et des amis de notre cher et vénéré directeur :

OPINION NATIONALE

Surpris trop tard hier par la fatale nouvelle de la mort de M. Havin, nous n'avons pas eu le temps d'exprimer les sentiments de tristesse et de regret que cette mort nous fait éprouver. Depuis quelques années les relations que le journalisme et le Corps législatif avaient fait naître entre nous s'étaient tournées en une amitié sincère, mêlée d'estime et de confiance. C'était, dans toute la force du terme, un galant homme, dévoué à son pays, un caractère ferme et loyal; il avait un sens politique très-droit, et, avec beaucoup d'aménité dans les formes et d'esprit de conciliation, une sorte de finesse défensive qui le tenait en garde contre les exagérations, les intrigues, les fausses manœuvres et les boursouflures de toute sorte. C'est par ces qualités solides, par la rectitude de son jugement et la sûreté de son caractère qu'il avait conquis et maintenu à l'important organe de publicité qu'il dirigeait une place considérable; c'est ainsi qu'il était devenu un lien entre ses confrères, et que sa maison était volontiers choisie comme lieu de réunion par les opinions les plus opposées.

Sa mort est une perte qui sera vivement sentie par toute la presse, ainsi que par l'opposition, où il jouait un rôle de modération intelligente et avisée. Quant à nous, nos regrets auront quelque chose de plus intime et de plus personnel. Nous avions fait ensemble plusieurs bonnes campagnes, qui, tout en nous révélant les qualités de l'homme public, nous avaient fait concevoir estime et affection pour l'homme privé. C'est un bon citoyen, un sage conseiller qui disparaît, au moment où son action eût été le plus utile. Il emporte dans la tombe toute notre estime et tous nos regrets.

Ad. Guéroult.

LA PATRIE

Nous croyons être le fidèle interprète de toutes les personnes qui ont connu M. Havin, en rendant hommage aux qualités de son cœur et de son esprit, et à cette si complète honorabilité qui restera comme le caractère distinctif de sa vie...

Pendant sa longue carrière politique, il a pu compter des adversaires; nous sommes certain qu'il n'a jamais rencontré d'ennemis. Son aménité bienveillante défiait l'inimitié.

Le bon sens de M. Havin et son esprit essentiellement pratique servaient de contre-poids aux idées libérales dont il se montra toujours le fervent défenseur, mais qu'il ne poussa jamais à l'excès; aussi sut-il maintenir le *Siècle* dans une ligne d'opposition relativement modérée. La mort de M. Havin est une grande perte pour ce journal, où son autorité s'exerçait d'autant plus facilement qu'elle était secondée par le légitime respect et la déférence méritée que tous ses collaborateurs avaient pour sa personne.

Tous les hommes politiques, à quelque parti qu'ils appartiennent, regretteront M. Havin, parce que lui-même, à quelque parti qu'il eût appartenu, l'aurait honoré par la loyauté de son caractère.

Quant à nous, personnellement, nous nous féliciterons une fois de plus d'appartenir depuis de très-longues années à la presse, puisque nous devons à cette circonstance de pouvoir payer à la mémoire de M. Havin, au nom de la *Patrie*, le tribut de ses sincères regrets.

Louis Bellet.

LE PUBLIC

Nous nous associons sincèrement à la douleur que cause la perte de l'homme distingué qui, depuis près de vingt ans, dirigeait avec le concours d'écrivains de talent. MM. Louis Jourdan, Léon Plée, de la Bédollière, E. Texier, etc., etc., l'organe le plus important de l'opinion démocratique.

Nous n'avons jamais rencontré que des adversaires dans les rédacteurs du *Siècle*, et souvent nous avons engagé avec eux de vives polémiques, — mais nous ne saurions contester la place considérable qu'occupe le *Siècle* dans la presse française, et le mérite de M. L. Havin sera d'avoir contribué à lui assurer cette place...

De relations sûres, d'un caractère affable M. L. Havin comptait dans sa vie privée autant d'amis qu'il pouvait compter d'ennemis, — nous voulons dire d'adversaires, — dans la vie politique. Le souvenir des luttes de la presse et de la tribune s'effacera devant cette tombe trop vite ouverte, et chacun voudra rendre hommage à la mémoire d'un homme qui laisse un nom respectable dans l'histoire du journalisme d'opposition, après les Marrast, les Carrel, les Perrée, etc.

Esnest Dréolle.

LE MESSAGER DU CALVADOS

Nous apprenons avec douleur que M. Havin, ancien vice-président de l'Assemblée constituante de la république française, directeur politique du *Siècle*, a rendu le dernier soupir à Torigny-sur-Vire.

Nous aurons à examiner la conduite politique de cet homme de bien qui, après le coup d'État de décembre 1851, rassembla au journal *le Siècle* les débris de l'opposition démocratique, résumant en sa personne le patriotisme de 1814, le scepticisme voltairien de la Restauration, le libéralisme bourgeois de 1830, le républicanisme modéré de 1848, et la tolérance à l'endroit du socialisme.

Par son grand bon sens, par son calme au milieu des événements les plus tragiques, M. Havin était parfaitement apte à se faire tolérer par le pouvoir impérial. Nous lui devons d'avoir fait du *Siècle* un véritable radeau de la Méduse, où nos libertés ont trouvé un refuge après le grand naufrage de 1851.

Eric Isoard.

M. Havin n'a cessé d'élever une voix éloquente en faveur de l'héroïque et infortunée Pologne, il n'a pas dépendu de lui qu'elle fût sauvée. Il a profondément ému les peuples, mais la froide et inflexible politique a rendu les gouvernements sourds à son pathétique et solennel appel.

Gloire et respect à cet homme de cœur et de génie qui,

fidèle aux saintes traditions de 1789, a si chaleureu-
sement plaidé la cause d'une nation martyre !

A M. Havin, l'honorable directeur politique du *Siècle*,
le Nestor respecté de la presse politique, dont les sages
et judicieux conseils ont eu tant d'autorité sur l'opinion,
revient le droit d'ouvrir cette galerie d'illustrations con-
temporaines.

LETTRE DE M. HAVIN A M. JOURDAN

CONCERNANT LA POLOGNE

Lavarignère, 27 septembre 1863.

MON CHER JOURDAN,

Vous avez compris comme moi, comme tous les hommes familiarisés
avec le langage diplomatique, le mémorandum et les réponses du
prince Gortschakoff aux notes de la France, de l'Angleterre et de
l'Autriche.

La Russie a voulu gagner du temps, et elle triomphe ironiquement
aujourd'hui en croyant la Pologne séparée de tout secours ; elle voit
déjà, pendant l'hiver qui se prépare, l'héroïque victime agonisant sous
la plus cruelle et la plus raffinée tyrannie. La Russie se trompe ! Quand
l'Europe, quand les puissances signataires des traités de Vienne s'indi-
gnent par leurs organes les plus accrédités, nous disons, nous, à la
Pologne : Espère !

Il y avait dans notre monde politique deux courants d'opinions ;
l'un, plus clairvoyant, avertissait le gouvernement français, lui disait
de ne pas se fier aux fallacieuses paroles de la diplomatie russe ; l'autre,
plus confiant dans les traités, dans l'intervention diplomatique, espé-
rait que les remontrances seraient écoutées et que la Pologne retrou-
verait, sinon une émancipation complète, du moins les garanties qui
lui avaient été données en 1815.

Aujourd'hui, la seconde opinion se rallié à la nôtre, et elle s'écrie :
Il n'y a plus de traités de 1815.

Oui, sans doute, les traités de 1815 n'existent plus, et sans rappeler les atteintes qui leur ont été successivement portées depuis 1830, n'est-il pas évident que, le jour où le second empire fut proclamé, les traités de 1815 furent lacérés dans leur disposition capitale, dans celle qui avait enfanté toutes les autres dispositions et qui en avait été le prétexte ?

La Russie, avant les derniers événements, pouvait encore prétendre qu'elle respectait ces odieux traités faits uniquement contre la France; mais aujourd'hui, après la publication de son mémorandum, la Russie efface les dernières traces des stipulations de Vienne, et c'est elle-même qui proclame devant l'Europe qu'elles sont à jamais annulées.

Nos adversaires d'hier, en déclarant qu'*il n'y a plus de traités de 1815*, constatent un fait, mais ils ne nous disent pas quel parti, selon eux, la France doit prendre. C'est toutefois une chose grave, si ce n'est pas une vaine phraséologie, d'annoncer que « la France, en « échappant aux derniers liens qui pesaient encore sur elle, ne s'af-« franchit pas du respect du droit et de la justice, qui sont les bases « inébranlables de tous les traités. »

Ah ! nous sommes heureux d'apprendre par vous, qui avez souvent la prétention d'être bien informés, que la France, libre désormais de tous liens, va agir en faveur du droit et de la justice. Jamais parole ne fut plus consolante et plus encourageante pour la malheureuse Pologne.

Comme avant tout, dans la conduite des affaires de ce monde, il faut arriver à une sage pratique, nous faisons des vœux pour que le gouvernement français mette en demeure d'agir les cabinets de Londres et de Vienne, qui n'ont pas été moins leurrés par la Russie que le cabinet des Tuileries.

Nous verrons si l'Europe entière se courbera sous le despotisme moscovite, si à tous ces protocoles plus courtois que fiers ne succédera pas un *ultimatum concerté* qui arrête enfin l'effusion du sang et force la Russie à reconnaître cette nationalité polonaise, qu'entoure une si juste et si universelle sympathie.

Continuez, mon cher ami, à défendre, avec votre cœur et votre talent, cette sainte cause qui a, comme je l'écrivais naguère, le privilége de réunir toutes les opinions généreuses de notre pays, et soyez certain qu'elle triomphera.

Votre bien dévoué.

L. HAVIN.

RÉSUMÉ

M. Havin est une des figures les plus remarquables de l'époque actuelle, on peut le considérer, jusqu'à un certain point, comme le maréchal Ney de la grande armée libérale : il en a sauvé la retraite.

M. Havin, comme directeur politique du journal *le Siècle*, et fils de Conventionnel, était admis dans toutes les sociétés.

Le 24 février 1848, en accompagnant la duchesse d'Orléans et le comte de Paris à la Chambre des députés, M. Havin a compris qu'il conduisait une femme digne de respect par ses vertus. Cette femme pure a emporté l'estime du peuple ; elle doit être vénérée, car elle ne s'est fait connaître que par ses bienfaits.

Aux journées désastreuses de la réaction, M. Havin disait à des gardes nationaux d'un rang élevé :

MESSIEURS,

Ceux qui sont derrière les barricades ne sont pas nos ennemis, croyez-le bien ; ce sont des citoyens qui versent leur sang pour sauvegarder nos libertés !

A lui la gloire d'avoir été le Fabius de la liberté, et d'avoir frayé la route pour la conduire un jour au Capitole.

Paris. Typ.

IMPRESSIONS BORNET-LEJEUNE, RUE PROUVÉS-DE-BROSSE, 10, DERRIÈRE L'HOTEL-DE-VILLE.